PETIT ALPHABET
DES ARTS ET MÉTIERS
ET
D'HISTOIRE NATURELLE,

PRÉCÉDÉ

De phrases a epeler et des prières de la Sainte Messe

SUIVI DE LA TABLE DE MULTIPLICATION,

Orné de gravures

A PARIS,
Ve THIERIOT, LIBRAIRE

Rue Pavée Saint André des Arts, 15

IMPRIMERIE DE MOQUET, 92, RUE DE LA HARPE

LE COQ.

Ce brave et majestueux oiseau a l'air noble et animé ; sa tête est petite et ornée d'une belle crête rouge, ses yeux sont pleins de feu, et tous ces mouvements sont libres et fiers ; les plumes du cou sont longues et tombent avec grâce sur le corps ; sa queue est longue et les deux plumes du milieu plus grandes que les autres se recourbent en arc.

LE DINDON.

Cet oiseau est grand mais lourd, sa tête, qui est petite à proportion du corps, manque de plumes ; son bec est court et fort, ses ailes sont assez longues, mais incapables de soutenir un corps aussi pesant dans un vol prolongé. Le dindon est très difficile à élever. Ils se livrent entre eux des combats furieux.

L'HIRONDELLE.

Cet oiseau voyageur se nourrit principalement d'insectes ailés qu'il saisit en traversant les airs. Lorsque l'hiver approche, les hirondelles passent dans des contrées moins froides afin d'y chercher un abri ; elles construisent leur nid de terre gâchée avec de la paille, du crin, et le garnissent de plumes en dedans.

L'OIE.

L'Oie est un oiseau très utile dans la campagne indépendamment de la bonne qualité de sa chair ; elle fournit d'excellentes plumes et un duvet très fin dont on la dépouille plus d'une fois l'année.

Elle ne manque point d'intelligence; le courage, avec lequel elle défend sa couvée contre l'oiseau de proie, le prouve.

LE MERLE.

Le merle est l'un des premiers à célébrer le retour du printemps de sa voix forte et harmonieuse, mis en cage il chante au moins quatre ou cinq mois de l'année, et outre son ramage naturel, il apprend tous les airs que l'on veut. Cet oiseau se nourrit de toutes sortes de fruits et d'insectes.

LA TOURTERELLE.

La Tourterelle aime peut-être plus qu'un autre oiseau la fraîcheur en été et la chaleur en hiver; elle arrive dans notre climat fort tard au printemps, et le quitte dès la fin du mois d'août.

Elles se réunissent en troupes, arrivent partent et voyagent ensemble.

LE SINGE.

Le singe est l'animal dont l'organisation présente le plus de rapports avec l'homme; il est indocile, ses mouvements sont brusques, sa figure mobile se prête à mille grimaces, mille contorsions, qui, jointes à ses gestes ridicules et extravagants donnent le spectacle le plus divertissant.

LE ZEBRE.

Cet animal est plus petit que le cheval et plus grand que l'âne ; il est de tous les autres quadrupèdes le mieux fait et le plus élégamment vêtu ; il a la figure et les grâces du cheval, la légèreté du cerf et la robe rayée de rubans blancs et noirs disposés avec autant de régularité que de symétrie.

LE BOUVREUIL.

Les Bouvreuils passent la belle saison dans les bois ; dans l'hiver ils s'approchent des jardins où ils se nourissent des bourgeons des arbres.

Dans l'état sauvage le cri du Bouvreuil est peu agréable ; lorsqu'il est privé cet oiseau apprend facilement à chanter même à parler.

On le dit susceptible d'attachement personnel.

LE MILAN.

De l'espèce des faucons, le milan est le mieux connu, il se distingue des oiseaux de la même espèce par la queue fourchue, et par les rayons circulaires circulaires qu'il décrit dans l'air, lorsqu'il se dispose à fondre sur sa proie. Peu d'oiseau lui échappent.

Il se retirent l'hiver en Égypte et revient vers le mois d'avril en Europe.

LE BOULANGER.

L'art de faire le pain, ignoré pendant très longtemps, est encore inconnu de bien des peuples, quoiqu'ils aient des grains propres à en faire ; il paraît au premier abord simple et facile, cependant il demande encore plusieurs travaux différents et une certaine intelligence pour y réussir.

L'OISELEUR.

L'oiseleur est celui qui va chasser et tendre des pièges aux oiseaux afin de les élever et d'en faire commerce. C'est aussi lui qui fait les cages, les volières en fils de fer pour les enfermer et les faire couver.

Les oiseleurs attrapent les oiseaux de chant ou d'agrément.

L'HORLOGER.

L'horlogerie est l'art de construire des machines qui par le moyen d'un rouage mesurent le temps en le partageant en parties égale. Cette industrie demande une grande attention ; car la plupart des roues employées sont presque imperceptibles, souvent un seul grain de poussière suffit pour déranger tout un mécanisme.

LE JARDINIER.

Le Jardinier est celui qui cultive les plantes qu'on a réunies dans un jardin ou dans un enclos ; son travail s'étend aux arbres dont il forme quelquefois des pépinières, aux fleurs, qu'il réunit en délicieux parterres qui réjouissent le yeux par leur variété.

Il s'occupe aussi à la culture des légumes quil s'applique à perfectionner.

LE PÊCHEUR.

Le pêcheur est celui qui s'applique spécialement à la pêche ; les uns habitent le bord des rivières et des fleuves et s'attachent à la pêche des poissons d'eau douce, les autres se lançant sur une mer orageuse vont au loin chercher les nombreux poissons de la mer. Ils se servent de différentes sortes de filets.

LE TISSERAND.

Le tisserand est un artisan dont la profession est de faire de la toile ou toute autre étoffe sur le métier avec la navette.

Le fil se tire de plusieurs plantes et principalement du chauvre et du lin; après plusieurs préparations, on le donne au tisserand qui nous le rend en toile.

L'ARMURIER.

L'Armurier fabrique toutes les petites armes à feu, telles que les carabines, les fusils et les pistolets ; il en forge les canons, en fait les platines et les monte sur des fûts de bois.

Il y a confiscation et amende prononcées contre ceux qui portent des armes sans permission.

LE FORGERON.

Le forgeron est l'ouvrier qui travaille le fer en le façonnant avec le marteau sur l'enclume après l'avoir fait chauffer.

Le fer est un métal dur et sec, difficile à fondre, et d'un très grand usage pour les besoins de la vie. L'or et l'argent tout précieux qu'ils sont ne lui sont pas comparables à cet égard.

L'EAU.

L'eau est en général un corps liquide et sans odeur ; il est inutile de dire combien elle est nécessaire. Elle sert de boisson à tous les hommes et à tous les animaux, elle entre dans la préparation de tous nos aliments, elle est la cause de la végétation des plantes.

Elle forme les pluies qui arrosent, fertilisent et rafraîchisent la terre ; les neiges qui se fondent sur le sommet des hautes montagnes ou qui s'amassent et donnent naissance aux fleuves et aux rivières.

LE FEU.

Le feu, quoique invisible, est répandu dans toute la nature ; si l'on frappe deux cailloux, il en sort une étincelle et si l'on frotte deux morceaux de bois sec ils ne tardent pas à s'enflammer, la lumière elle-même est du feu.

Il est très nécessaire car s'il cessait de se faire sentir, tout périrait pendant la saison des froids.

LA MER.

Elle occupe plus de la moitié du globe, et elle est si profonde en certains endroits qu'il est impossible d'en trouver le fonds ; elle renferme une grande quantité de sel, si indispensable dans tous les usages de la vie.

DE L'HUILE.

On peut extraire de l'huile de la plupart des graines, mais on ne cultive à cet effet que celles qui en donnent en abondance et d'une bonne qualité. On tire de la navette ou colza, une huile peu agréable, l'œillette ou pavot remplace l'olive dans les contrées du nord, elle est préférable à toutes les autres dans la peinture. Les noix, le chenevis, fournissent une huile assez bonne, mais la meilleur de toutes est l'huile d'olive que l'on extrait du fruit de l'olivier. Cet arbuste est petit et d'une végétation très faible, sa verdure est pâle et triste, sa fleur est petite, et son fruit d'une couleur sombre et d'une grande âpreté.

DU CAFÉ.

Le caféyer est originaire de lArabie, c'est un assez grand arbuste qui porte des fruits ronds assez semblables aux cerises pour la couleur et le volume.

La culture du café est maintenant répandue dans la plupart des possessions européennes, et il est devenu pour elles une sources de richesses.

DU CHOCOLAT.

Le chocolat est fait avec le fruit du cacaotier, arbre très commun dans le Mexique et à la Guyane ; il mûrit dans toutes les saisons, c'est une gousse un peu allongée, à peu près de la forme d'un concombre, qui renferme un nombre considérable d'assez grosses amandes dont la chair est huileuse et parfumée, c'est la pulpe même de ces amandes, qui, préparée et mêlée avec du sucre forme le chocolat tel que nous le voyons.

On y met de la vanille dont le parfum le rend plus sain et plus agréable.

La vanille est une plante grimpante fort répandue au Mexique ; sa graine râpée se mêle au chocolat.

LE SUCRE.

Le sucre se tire d'une espèce de roseau ou canne qui se cultive avantageusement dans tous les pays chauds ; On coupe ces roseaux ; on en exprime le jus en les écrasant entre deux rouleaux. Le sucre est d'abord de couleur brune, mais on le raffine, et il devient d'un blanc magnifique.

On tire aussi avec beaucoup de succès du très beau sucre de la betterave, des établissements nombreux en France attestent l'avantage de cette importante découverte.

LA POTERIE.

La poterie est faite d'argile, sa qualité varie selon l'argile que l'on emploie, par elle-même elle est poreuse, c'est-à-dire qu'elle laisserait passer l'eau ; mais on a imaginé de la recouvrir d'une composition appelée émail qui la rend propre à tous les usages de la vie ; on fabrique de même la faïence ; seulement on y apporte plus de soin.

LE VERRE.

Le verre est formé de sable et de soude, les proportions de ce mélange apportées dans le travail constituent les différences qui existent entre le verre ordinaire, les cristaux, et même les glaces.

On fait avec le verre une variété infinie d'objets plus jolis et plus utiles les uns que les autres ; on est aussi parvenu à en fabriquer d'une légèreté surprenante.

DU FER.

Le fer se trouve dans la terre, tantôt par morceaux assez gros et tantôt par portions mélangées de diverses substances on le purifie dans des fourneaux d'une chaleur prodigieuse, et on le reçoit dans des moules dont il prend la forme en se refroidissant ; c'est ainsi que l'on obtient les marmites, les poêles, etc.

DE L'ACIER.

L'acier est du fer purifié par un long travail jusqu'au point de recevoir le plus beau poli ; il sert à beaucoup d'usages, on en fait les rasoirs, les aiguilles qui servent à coudre et les instruments de chirurgie.

DE L'OR.

L'or se trouve dans la terre, quelquefois en grains assez considérables, mais plus souvent en Paillettes ou petites portions mélangées de terres et de sable. On le purifie par le mercure.

L'air et l'eau n'ont presque pas d'effet sur l'or, c'est-à-dire qu'il ne se rouille pas.

Les mines d'or du Pérou et du Chili étaient les plus abondantes ; mais depuis quelque temps on en a découvert de très riches en Californie et en Australie. L'or sert à une infinité d'usages, parcequ'il est le plus beau et le plus dur de tous les métaux.

DE L'ARGENT.

Comme l'or, l'argent n'est sujet à aucune rouille, il vient après lui pour sa supériorité sur les autres métaux, à cause de son inaltérabilité, de la beauté de sa couleur et de l'éclat qu'il jette.

Les mines d'argent sont répandues en assez grand nombre sur toute la terre ; on le rencontre par veines, par grains et quelquefois en masses considérables.

DU CUIVRE.

Le cuivre vient en grande quantité du nord de l'Europe ; il est d'une très grande utilité : on en fait des baignoires, des marmites, toutes les batteries de cuisine, des canons, des cloches; on l'emploie pour doubler les vaisseaux et pour le travail délicat des horlogers. Mais il est très sujet à l'altération, les acides, l'humidité, ou l'air seul, suffisent pour lui faire contracter une rouille qu'on appelle vert-de-gris qui est un poison mortel.

Afin de prévenir un si grand danger, ou revêt l'intérieur des casserolles d'une légère couche d'étain appelée étamage ; ce métal prévient tout danger.

DE L'ÉTAIN.

L'étain se fond et se coule aisément ; on en fait des plats et des couvers qui, dans leur neuf, ont presque l'éclat de l'argent, mais se ternissent et se déforment promptement.

DU PLOMB.

Le plomb est très facile à fondre ; il s'altère difficilement à l'eau; aussi sert-il à faire des tuyaux et des réservoirs d'eau, il défend les toits des infiltrations de l'eau, et on le réduit en lames minces et flexibles qui servent à une infinité d'usages.

2 fois 2 font 4	5 fois 2 font 10	8 fois 2 font 16
2 3 6	5 3 15	8 3 24
2 4 8	5 4 20	8 4 32
2 5 10	5 5 25	8 5 40
2 6 12	5 6 30	8 6 48
2 7 14	5 7 35	8 7 56
2 8 16	5 8 40	8 8 64
2 9 18	5 9 45	8 9 72
2 10 20	5 10 50	8 10 80
3 fois 2 font 6	6 fois 2 font 12	9 fois 2 font 18
3 3 9	6 3 18	9 3 27
3 4 12	6 4 24	9 4 36
3 5 15	6 5 30	9 5 45
3 6 18	6 6 36	9 6 54
3 7 21	6 7 42	9 7 63
3 8 24	6 8 48	9 8 72
3 9 27	6 9 53	9 9 81
3 10 30	6 10 60	9 10 90
4 fois 2 font 8	7 fois 2 font 14	10 fois 2 font 20
4 3 12	7 3 21	10 3 30
4 4 16	7 4 28	10 4 40
4 5 20	7 5 35	10 5 50
4 6 24	7 6 42	10 6 60
4 7 28	7 7 49	10 7 70
4 8 32	7 8 56	10 8 80
4 9 36	7 9 63	10 9 90
4 10 40	7 10 70	10 10 100

www.ingramcontent.com/pod-product-compliance
Lightning Source LLC
Chambersburg PA
CBHW060914050426
42453CB00010B/1722